FÜR ALLE MAMAS.
ABER VOR ALLEM FÜR MEINE UND DIE VON FINN.

1. Auflage 2022
© Annette Betz in der Ueberreuter Verlag GmbH, Berlin 2022
ISBN 978-3-219-11937-4
Originalausgabe erschien unter dem Titel *Voor Mama* bei
Uitgeverij De Eenhoorn bv © 2020 by Yoeri Slegers
Aus dem Niederländischen von Meike Blatnik

Lektorat: Kim Laura Franzke
Umschlag- und Innenillustrationen: Yoeri Slegers
Druck und Bindung: Finidr, s. r. o., Český Těšín
Gedruckt auf Papier aus geprüfter nachhaltiger Forstwirtschaft.

www.annettebetz.de

Yoeri Slegers

FÜR MAMA
hole ich den Mond vom Himmel

Aus dem Niederländischen von Meike Blatnik

annette betz

»Mama, du bekommst heute das allergrößte Geschenk von mir.«

»Du brauchst keine Angst zu haben,
ich passe immer gut auf dich auf.«

»Ich pflücke wunderschöne
Blumen für dich.«

»Ich backe superleckeren Kuchen
für dich.«

»Und, und, und … ich hole den Mond
vom Himmel. Nur für dich.«

»Schau, wie gut ich das kann!«

Der kleine Frosch springt von Ast zu Ast.
»Puh, ganz schön hoch hier.
Gleich geschafft!«, keucht er.

»Ich komme nicht ganz ran!«

KNACK!!!

»Hab dich!«, ruft Mama.

»Ich hab's nicht geschafft, Mama.
Dabei wollte ich dir das allergrößte
Geschenk machen!«

»Das ist dir auch gelungen,
mein Schatz«, sagt Mama.

»Das schönste Geschenk ist
nämlich hier bei mir!«

Der kleine Frosch strahlt.
»Und dieser Riesenschmatzer
ist auch noch für dich!
Weil ich dich ganz, ganz doll
lieb hab!«

SCHMATZ!